Dips und Cremes

– vegan und vegetarisch

111 schmackhafte Dips & Cremes

Katharina Werthe

Dips und Cremes – vegan und vegetarisch

1. Ananas-Basilikum-Dip

Portionen: 4-6 Personen

Zutaten:

- 1 Ananas
- 6 EL Ricotta Käse
- 2 EL Creme fraiche
- 1 Handvoll Basilikum
- Salz und Pfeffer

Zubereitung:

1. Zuerst die Ananas schälen, putzen und würfeln.
2. Basilikum waschen.
3. Alle Zutaten in einen Mixer geben und cremig pürieren.
4. Zum Schluss würzen und servieren.

2. Apfel-Avocado-Creme

Portionen: 4-6 Personen

Zutaten:

- 3 rote Äpfel
- 4 Avocados
- 2 EL Frischkäse
- 1 Handvoll glatte Petersilie
- Salz und Pfeffer

Zubereitung:

1. Zuerst die Äpfel waschen, entkernen und grob würfeln.
2. Nun die Avocados halbieren, entkernen und das Fruchtfleisch grob hacken.
3. Die Petersilie waschen.
4. Alle Zutaten in einen Mixer geben und pürieren.
5. Zum Schluss Frischkäse hinzufügen, umrühren, abschmecken und servieren.

3. Apfel-Chili-Dip

Portionen: 4-6 Personen

Zutaten:

- 500 g rote Äpfel
- 1 Birne
- 1 Chilischote
- 2 EL Agavendicksaft
- 5 EL Creme fraiche
- Salz und Pfeffer

Zubereitung:

1. Zuerst die Äpfel waschen, entkernen und vierteln.
2. Die Birne ebenfalls waschen, entkernen und grob hacken.
3. Nun die Chilischote waschen und entkernen.
4. Alle Zutaten in einen Mixer geben und cremig pürieren.
5. Zum Schluss Creme fraiche hinzufügen, gut umrühren, würzen und servieren.

4. Apfel-Kokos-Dip

Portionen: 4-6 Personen

Zutaten:

- 6 rote Äpfel
- 200 g Naturjoghurt
- 2 TL Kokosöl
- 1 Schuss Kokoscreme
- 1 TL Zucker
- Salz und Pfeffer

Zubereitung:

1. Als Erstes die Äpfel waschen, entkernen und in Stücke schneiden.
2. Alle Zutaten nun in einen Mixer geben und fein pürieren.
3. Zum Schluss würzen und servieren.

5. Apfel-Süßkartoffel-Creme

Portionen: 4-6 Personen

Zutaten:

- 3 rote Äpfel
- 1 Süßkartoffel
- 1 Knoblauchzehe
- 1 EL Creme fraiche
- 1 Schuss Olivenöl
- Salz und Pfeffer

Zubereitung:

1. Zuerst die Süßkartoffel schälen, waschen und halbieren.
2. Die Süßkartoffel in einen Topf geben, Salz und Wasser hinzufügen, gar kochen und abkühlen lassen.
3. Nun den Knoblauch schälen und halbieren.
4. Alle Zutaten in einen Mixer geben und pürieren.
5. Zum Schluss Creme fraiche hinzufügen, abschmecken und servieren.

6. Aprikosen-Kürbis-Creme

Portionen: 4-6 Personen

Zutaten:

- ½ Hokkaido-Kürbis
- 5 Aprikosen
- 5 Basilikumblätter
- 1 Schuss Olivenöl
- Salz und Pfeffer

Zubereitung:

1. Zuerst den Kürbis schälen, entkernen und in Stücke schneiden.
2. Den Ofen auf 200 Grad vorheizen.
3. Nun den Kürbis auf ein Backblech legen, mit Öl beträufeln und etwa 30-40 Minuten backen.
4. Währenddessen die Aprikosen waschen, entkernen und grob würfeln.
5. Alle Zutaten nun in einen Mixer geben und cremig pürieren.
6. Zum Schluss würzen und servieren.

7. Artischocken-Dip

Portionen: 4-6 Personen

Zutaten:

- 2 Dosen Artischocken-Herzen (vorgekocht)
- 1 Knoblauchzehe
- 3 EL Creme fraiche
- 100 g Frischkäse
- 1 Schuss Olivenöl
- 1 Schuss Milch
- Salz und Pfeffer

Zubereitung:

1. Zuerst die Artischocken durch ein Sieb geben, waschen und abtropfen lassen.

2. Knoblauch schälen und halbieren.

3. Artischocken, Knoblauch, Öl, Salz und Pfeffer in einen Mixer geben und cremig pürieren.

4. Zum Schluss Frischkäse, Milch und Artischocken-Mus miteinander vermengen und gründlich verrühren.

5. Zum Schluss würzen und servieren.

8. Artischocken-Hummus

Portionen: 4-6 Personen

Zutaten:

- 1 Dose Artischocken-Herzen (vorgekocht)
- 1 Dose Kichererbsen (vorgekocht)

- 1 Knoblauchzehe
- Saft einer halben Zitrone
- 1 Schuss Olivenöl
- 5 EL Tahini (Sesampaste)

Zubereitung:

1. Als Erstes Kichererbsen und Artischocken durch ein Sieb geben, mehrmals waschen und abtropfen lassen.

2. Knoblauch schälen und halbieren.

3. Zum Schluss alle Zutaten in einen Mixer geben, würzen und servieren.

9. Auberginen-Dip mit Ingwer

Portionen: 4-6 Personen

Zutaten:

- 1 große Aubergine
- 2 Knoblauchzehen
- 5 EL Tahin (Sesampaste)
- 2 EL Olivenöl

- Saft einer halben Zitrone
- 1 kleines Stück Ingwer
- Salz

Zubereitung:

1. Zuerst die Aubergine putzen und mit einem Messer kleine Ritze schneiden.
2. Den Ofen auf 200 Grad vorheizen.
3. Die Aubergine nun auf den Grill legen und eine Schüssel mit Wasser darunter platzieren.
4. Die Aubergine nun solange backen, bis sie langsam in sich hineinfällt.
5. Anschließend die Aubergine leicht abkühlen lassen, Strunk und Schale dann entfernen.
6. Mit einer Gabel wird die Aubergine nun zerdrückt.
7. Die Knoblauchzehe schälen und halbieren.
8. Ingwer putzen und ebenfalls halbieren.
9. Nun werden Ingwer und Knoblauch in einen Mörser gegeben und sehr fein zerdrückt.
10. Alle Zutaten in eine Schüssel geben und gründlich vermengen.
11. Zum Schluss etwas Salz hinzufügen und servieren.

10. Avocado-Dip mit Tahini

Portionen: 4-6 Personen

Zutaten:

- 5 Avocados
- 4 EL Tahini (Sesampaste)

- Saft einer halben Zitrone
- Salz Pfeffer

Zubereitung:

1. Zuerst die Avocados halbieren, entkernen und das Fruchtfleisch grob hacken.
2. Alle Zutaten in einen Mixer geben und cremig pürieren.
3. Zum Schluss würzen und servieren.

11. Avocado-Kokos-Creme

Portionen: 4 Personen

Zutaten:

- 5 Avocados
- 450 g Speisequark
- 2 TL Kokosöl

- 1 Schuss Kokosmilch/Kokoscreme
- Saft einer halben Limette
- Salz und Pfeffer

Zubereitung:

1. Zuerst die Avocados halbieren, entkernen und das Fruchtfleisch grob würfeln.

2. Kokosöl, Kokosmilch, Avocados und Limettensaft in einen Mixer geben und cremig pürieren.

3. Zum Schluss die Avocadocreme unter den Quark mischen, gründlich umrühren, würzen und servieren.

12. Avocado-Kräuter-Dip

Portionen: 4-6 Personen

Zutaten:

- 5 Avocados
- 1 Handvoll Basilikum
- 1 Handvoll glatte Petersilie
- 1 Handvoll Walnüsse

- 3 EL Creme fraiche
- 1 Schuss Olivenöl
- Salz und Pfeffer

Zubereitung:

1. Zuerst die Avocados halbieren, entkernen und das Fruchtfleisch grob würfeln.
2. Basilikum und Petersilie waschen.
3. Alle Zutaten in einen Mixer geben und pürieren.
4. Zum Schluss Creme fraiche hinzufügen, umrühren, abschmecken und servieren.

13. Avocado-Pistazien-Creme

Portionen: 4-6 Personen

Zutaten:

- 5 Avocados
- 1 Handvoll Pistazien
- 2 EL Frischkäse
- 1 Schuss Olivenöl
- Salz und Pfeffer

Zubereitung:

1. Zuerst die Avocados halbieren, entkernen und das Fruchtfleisch grob hacken.

2. Alle Zutaten in einen Mixer geben und cremig pürieren.

3. Zum Schluss würze und servieren.

14. Avocado-Walnuss-Creme

Portionen: 4-6 Personen

Zutaten:

- 5 Avocados
- 1 Knoblauchzehe
- 1 Handvoll Walnüsse

- 1 Handvoll Koriander
- Salz und Pfeffer

Zubereitung:

1. Zuerst die Avocados halbieren, entkernen und das Fruchtfleisch grob hacken.
2. Knoblauch schälen und halbieren.
3. Nun den Koriander waschen.
4. Alle Zutaten in einen Mixer geben und cremig pürieren.
5. Zum Schluss würzen und servieren.

15. BBQ-Feigen-Creme mit Avocados

Portionen: 4-6 Personen

Zutaten:

- 1 halbe Flasche BBQ-Sauce
- 5 Feigen
- 4 Avocados
- 2 TL Zucker
- 1 Schuss Rapsöl
- Salz und Pfeffer

Zubereitung:

1. Zuerst die feigen putzen und vierteln.
2. Nun die Avocados halbieren, entkernen und das Fruchtfleisch grob hacken.
3. Alle Zutaten in einen Mixer geben und cremig pürieren.
4. Zum Schluss würzen und servieren.

16. Birnen-Chili-Creme mit Kräuter

Portionen: 4-6 Personen

Zutaten:

- 4 Birnen
- 1 Chilischote
- 1 Avocado
- 1 Handvoll Petersilie
- 1 Schuss Olivenöl
- Salz und Pfeffer

Zubereitung:

1. Zuerst die Birnen waschen, entkernen und grob würfeln.
2. Die Chilischote waschen und entkernen.
3. Nun die Avocado entkernen und das Fruchtfleisch heraus löffeln.
4. Anschließend die Petersilie waschen.
5. Alle Zutaten in einen Mixer geben und cremig pürieren.
6. Zum Schluss würzen und servieren.

17. Birnencreme mit Petersilie

Portionen: 4-6 Personen

Zutaten:

- 6 Birnen
- 200 g Creme fraiche
- 250 g Frischkäse
- 1 Handvoll glatte Petersilie
- Salz und Pfeffer

Zubereitung:

1. Zuerst die Birnen schälen, entkernen und grob hacken.

2. Nun die glatte Petersilie waschen.

3. Birnen und Petersilie in einen Mixer geben und cremig pürieren.

4. Alle Zutaten miteinander vermischen und cremig rühren.

5. Zum Schluss würzen und servieren.

18. Birnen-Gorgonzola-Dip

Portionen: 4-6 Personen

Zutaten:

- 4 Birnen
- 300 g Gorgonzola
- 50 g Frischkäse

- 1 Schuss Milch
- Salz und Pfeffer

Zubereitung:

1. Zuerst die Birnen waschen, entkernen und grob würfeln.
2. Gorgonzola in grobe Stücke schneiden.
3. Alle Zutaten in einen Mixer geben und cremig pürieren.
4. Zum Schluss würzen und servieren.

19. Blaubeeren-Frischkäse-Creme mit Kokosöl

Portionen: 4-6 Personen

Zutaten:

- 400 g Blaubeeren
- 300 g Frischkäse
- 3 EL Zucker oder 2 EL Agavendicksaft
- Saft einer halben Zitrone
- 2 EL Kokosöl

Zubereitung:

1. Zuerst die Blaubeeren waschen und verlesen.
2. Blaubeeren, Zitronensaft, Kokosöl, etwa eine Tasse Wasser und Zucker in einen Topf geben, umrühren und für etwa 20 Minuten köcheln lassen.
3. Anschließend umfüllen und kalt stellen.
4. Frischkäse cremig rühren.
5. Zum Schluss alles miteinander vermengen, erneut umrühren und servieren.

20. Blumenkohl-Bohnen-Creme mit Koriander

Portionen: 4-6 Personen

Zutaten:

- 1 Blumenkohlkopf
- 1 kleine Dose weiße Bohnen
- 1 Handvoll Koriander

- 1 Knoblauchzehe
- 1 Schuss Rapsöl
- Salz und Pfeffer

Zubereitung:

1. Als Erstes den Blumenkohl putzen, in kleine Röschen schneiden und in Salzwasser gar kochen.
2. Währenddessen die Bohnen durch ein Sieb geben und mehrmals waschen.
3. Koriander waschen und fein hacken.
4. Nun den Knoblauch schälen und halbieren.
5. Alle Zutaten, außer Koriander, in einen Mixer geben und cremig pürieren.
6. Zum Schluss Koriander hinzufügen, vermischen, würzen und servieren

21. Blumenkohl-Kichererbsen-Creme

Portionen: 4-6 Personen

Zutaten:

- 1 Blumenkohlkopf
- 2 Dosen Kichererbsen (vorgekocht)
- 2 EL Tahini (Sesampaste)
- Salz und Pfeffer

Zubereitung:

1. Zuerst den Blumenkohl putzen und in Röschen schneiden.

2. Die Röschen in Salzwasser gar kochen und abkühlen lassen.

3. Nun die Kichererbsen durch ein Sieb geben, mehrmals waschen und abtropfen lassen.

4. Alle Zutaten nun in einen Mixer geben und cremig pürieren.

5. Zum Schluss würzen und servieren.

22. Blumenkohl-Kräuterquark

Portionen: 4-6 Personen

Zutaten:

- 1 großen Blumenkohlkopf
  (Alternativ auch zwei kleine Köpfe)
- 400 g Speisequark
- 1 kleines Bund glatte Petersilie
- 1 Schuss Milch oder Buttermilch
- Salz und Pfeffer

Zubereitung:

1. Zuerst den Blumenkohl säubern und in Röschen schneiden.
2. In Salzwasser die Röschen gar kochen und komplett abkühlen lassen.
3. In der Zwischenzeit die Petersilie waschen und sehr fein hacken.
4. Blumenkohl nun in einen Mixer geben und fein pürieren.
5. Anschließend Speisequark, Milch und Blumenkohl miteinander vermengen und cremig rühren.
6. Zum Schluss würzen und servieren.

23. Bohnen-Dattel-Creme

Portionen: 4-6 Personen

Zutaten:

- 1 Tasse weiße Bohnen (vorgekocht)
- 1 Handvoll glatte Petersilie
- 2 Datteln
- 4 EL Frischkäse
- 2 EL Naturjoghurt
- Salz und Pfeffer

Zubereitung:

1. Zuerst die Bohnen mehrmals waschen.
2. Nun die Petersilie waschen und grob hacken.
3. Anschließend die Datteln entkernen.
4. Nun alle Zutaten in einen Mixer geben und cremig pürieren.
5. Zum Schluss würzen und servieren.

24. Bulgur-Avocado-Creme mit Honigdressing

Portionen: 4-6 Personen

Zutaten:

- 3 Tassen grobkörniger Bulgur
- 4 Avocados
- 1 Pck. Babyspinat
- 1 Schuss Rapsöl

- 3 EL Honig
- 2 EL Balsamico
- 2 TL mittelscharfer Senf
- Salz und Pfeffer

Zubereitung:

1. Zuerst den Bulgur gründlich waschen und verlesen.
2. Bulgur mit Wasser in einen Topf geben und gar kochen.
3. In der Zwischenzeit die Avocados halbieren, entkernen und das Fruchtfleisch würfeln.
4. Spinat waschen und gründlich putzen.
5. Für das Dressing werden Honig, Öl, Balsamico, Senf, Salz und Pfeffer miteinander vermischt.
6. Alle Zutaten nun in eine Schüssel geben und umrühren.
7. Zum Schluss Dressing hinzufügen, umrühren und servieren.

25. Dattel -Chili-Creme mit Ingwer

Portionen: 4-6 Personen

Zutaten:

- 8 Datteln
- 1 Chilischote
- 250 g Ricotta Käse

- 1 kleines Stück Ingwer
- 1 Schuss Olivenöl
- Salz und Pfeffer

Zubereitung:

1. Zuerst die Datteln entkernen und grob hacken.

2. Die Chilischote waschen und entkernen.

3. Nun den Ingwer schälen und halbieren.

4. Alle Zutaten, außer Ricotta, in einen Mixer geben und cremig pürieren.

5. Zum Schluss den Ricotta Käse hinzufügen, cremig rühren, würzen und servieren.

26. Dattel-Knoblauch-Dip

Portionen: 4-6 Personen

Zutaten:

- 15 Datteln
- 2 Knoblauchzehen
- 1 Handvoll Koriander
- 6-8 EL Ricotta Käse
- Salz und Pfeffer

Zubereitung:

1. Als Erstes die Datteln entkernen und grob hacken.
2. Knoblauch schälen und halbieren.
3. Nun den Koriander waschen.
4. Alle Zutaten in einen Mixer geben und cremig pürieren.
5. Zum Schluss würzen und servieren.

27. Deftige Kräutercreme mit Speck und Schalotten

Portionen: 4-6 Personen

Zutaten:

- 4 Schalotten
- 300 g Schinkenwürfel/Speckwürfel
- 400 g Naturjoghurt
- 2 EL Creme fraiche
- 2 EL Frischkäse
- 1 Handvoll glatte Petersilie
- etwas Öl oder Fett zum Braten
- 1 Schuss Olivenöl

Zubereitung:

1. In einer Pfanne etwas Öl oder Fett erhitzen, Speckwürfel braten und erstmal beiseitestellen.
2. Nun die Schalotten schälen und in feine Würfel schneiden.
3. Anschließend die Petersilie waschen und fein hacken.
4. Alle Zutaten in eine Schüssel geben und gründlich umrühren.
5. Zum Schluss würzen und servieren.

28. Eier-Lachs-Creme mit Dill

Portionen: 4-6 Personen

Zutaten:

- 2 Pck. Räucherlachs
  (etwa 200-300 g)
- 10 hartgekochte Eier
- 200 g Mayonnaise

- 3 EL Creme fraiche
- 1 kleines Bund Dill
- Salz und Pfeffer

Zubereitung:

1. Zuerst die Eier schälen, das Eiweiß und Eigelb trennen und in separate Schalen geben.

2. Das Eiweiß in sehr kleine Stücke hacken.

3. Eigelb, Mayonnaise, Creme fraiche, Salz und Pfeffer miteinander vermengen und mit einer Gabel cremig zerdrücken.

4. Nun den Lachs in kleine Stücke schneiden.

5. Anschließend den Dill waschen und sehr fein hacken.

6. Zum Schluss alle Zutaten miteinander vermengen, vorsichtig umrühren, würzen und servieren.

29. Einfacher Joghurtdip

Portionen: 4-6 Personen

Zutaten:

- 500 g Griechischer Joghurt
- 2 EL Creme fraiche
- 1 Schuss Olivenöl

Zubereitung:

1. Zuerst Creme fraiche und Joghurt vermengen und cremig rühren.

2. Zum Schluss anrichten, mit Öl beträufeln und servieren.

30. Erbsen-Kokos-Dip

Portionen: 4-6 Personen

Zutaten:

- 500 g Erbsen
- 2 TL Kokosöl
- 200 g Naturjoghurt
- 1 Spritzer Zitronensaft

- 1 Schuss Olivenöl
- 2 TL Zucker
- Pfeffer

Zubereitung:

1. Zuerst die Erbsen in Salzwasser gar kochen, herausnehmen, in Eiswasser geben und abkühlen lassen.

2. Alle Zutaten, außer Joghurt, in den Mixer geben und cremig pürieren.

3. Zum Schluss mit Joghurt vermengen, erneut umrühren, würzen und servieren.

31. Erbsen-Minz-Creme

Portionen: 4-6 Personen

Zutaten:

- 450 g Erbsen
- 1 Handvoll frische Minzblätter
- 1 Knoblauchzehe
- 300 g Frischkäse
- 1 TL getrocknetes Thymian
- 1 Schuss Olivenöl
- Salz und Pfeffer

Zubereitung:

1. Zuerst die Erbsen in Salzwasser gar kochen, in Eiswasser geben und erkalten lassen.
2. Währenddessen die Minze waschen.
3. Knoblauch schälen und halbieren.
4. Alle Zutaten in einen Mixer geben und cremig pürieren.
5. Zum Schluss würzen und servieren.

32. Erdnuss-Chili-Dip

Portionen: 4-6 Personen

Zutaten:

- 200 g Erdnussbutter (mit oder ohne Stückchen)
- 1 Chilischote
- 2 EL Creme fraiche
- 150 ml Kokosmilch/Kokoscreme

Zubereitung:

1. Die Chilischote waschen entkernen und grob hacken.
2. Alle Zutaten in einen Mixer geben und cremig pürieren.
3. Zum Schluss abschmecken und servieren.

33. Erdnuss-Kokos-Dip

Portionen: 4-6 Personen

Zutaten:

- 250 g Erdnussbutter (mit oder ohne Stückchen)
- 200 ml Kokosmilch
- ½ TL Paprikapulver

Zubereitung:

1. Alle Zutaten in einen Mixer geben und cremig pürieren.
2. Zum Schluss abschmecken und servieren

34. Feigen-Avocado-Creme mit Basilikum

Portionen: 4-6 Personen

Zutaten:

- 4 frische Feigen
- 5 Avocados
- 6 Basilikumblätter

- 1 Knoblauchzehe
- 1 Schuss Olivenöl
- Salz und Pfeffer

Zubereitung:

1. Zuerst die Avocados halbieren, entkernen und das Fruchtfleisch grob hacken.
2. Nun die Feigen putzen und halbieren.
3. Die Basilikumblätter waschen.
4. Anschließend den Knoblauch schälen und halbieren.
5. Alle Zutaten in einen Mixer geben und cremig pürieren.
6. Zum Schluss würzen und servieren.

35. Feigen-Macadamia-Creme

Portionen: 4-6 Personen

Zutaten:

- 10 frische Feigen
- 5 EL Frischkäse
- 1 Handvoll geröstete Macadamia-Nüsse
- 2 EL Tahini (Sesampaste)
- 1 Knoblauchzehe
- 1 Handvoll glatte Petersilie
- 2 EL Honig oder Agavendicksaft
- Salz und Pfeffer

Zubereitung:

1. Zuerst die Feigen putzen und grob hacken.
2. Die Macadamia-Nüsse grob hacken.
3. Knoblauch schälen und halbieren.
4. Nun die Petersilie waschen.
5. Alle Zutaten in einen Mixer geben und cremig pürieren.
6. Zum Schluss würzen und servieren.

36. Fenchel-Guacamole

Portionen: 4-6 Personen

Zutaten:

- 1 kleine Fenchelknolle
- 5 Avocados
- 1 kleine Schalotte
- 1 Schuss Olivenöl
- Saft einer halben Zitrone
- Salz und Pfeffer

Zubereitung:

1. Als Erstes den Fenchel waschen, säubern und in kleine Stücke schneiden.
2. Die Avocados halbieren, entkernen, das Fruchtfleisch würfeln und mit einer Gabel sehr grob zerdrücken.
3. Nun die Schalotten schälen und fein würfeln.
4. Alle Zutaten in eine Schüssel geben und vermischen.
5. Zum Schluss würzen, etwas Öl hinzufügen und servieren.

37. Fenchel-Kräuter-Quark

Portionen: 4-6 Personen

Zutaten:

- 1 Fenchelknolle
- 5 EL Creme fraiche
- 400 g Naturjoghurt

- 1 kleiner Bund glatte Petersilie
- Saft einer halben Zitrone
- Salz und Pfeffer

Zubereitung:

1. Zuerst den Fenchel waschen, säubern und in Stücke schneiden.
2. Creme fraiche und Joghurt vorab miteinander vermischen und cremig rühren.
3. Nun die Petersilie waschen und fein hacken.
4. Alle Zutaten in eine Schüssel geben und umrühren.
5. Zum Schluss noch würzen und servieren.

38. Fenchel-Mango-Creme

Portionen: 4-6 Personen

Zutaten:

- 7 Mangos
- 3 Fenchelknollen
- 3 Schalotten

- Olivenöl
- Pfeffer

Zubereitung:

1. Zuerst die Mangos schälen, das Fruchtfleisch vom Kern entfernen und in Würfel schneiden.

2. Nun den Fenchel waschen, putzen und in feine Streifen schneiden.

3. Anschließend die Schalotten schälen und in Ringe schneiden.

4. Zum Schluss alle Zutaten miteinander vermischen, würzen und servieren.

39. Feta-Tomaten-Creme mit Honig

Portionen: 4-6 Personen

Zutaten:

- 350 g Fetakäse
- 2 EL Naturjoghurt
- 2 Fleischtomaten
- 2 EL Tomatenmark
- 1 Handvoll Basilikum
- 1 EL Honig
- Salz und Pfeffer

Zubereitung:

1. Zuerst die Tomaten waschen und grob hacken.
2. Basilikum waschen.
3. Alle Zutaten in einen Mixer geben und fein pürieren.
4. Zum Schluss würzen, abschmecken und servieren.

40. Frischkäse-Kräuter-Dip mit Speck

Portionen: 4-6 Personen

Zutaten:

- 450 g Frischkäse
- 3 EL Naturjoghurt
- 1 Handvoll glatte Petersilie
- 6 Schnittlauchhalme

- 200 g Schinkenwürfel/Speckwürfel
- etwas Öl zum Braten
- Salz und Pfeffer

Zubereitung:

1. In einer Pfanne etwas Öl erhitzen, den Speck darin braten und erstmal beiseitestellen.

2. Währenddessen Petersilie waschen und sehr fein hacken.

3. Schnittlauch ebenfalls waschen und in feine Röllchen schneiden.

4. Anschließend Frischkäse und Joghurt vermengen und cremig rühren.

5. Petersilie, Schnittlauch und Speck hinzufügen und vorsichtig unterheben.

6. Zum Schluss kräftig würzen und servieren.

41. Frischkäse-Nuss-Dip

Portionen: 4-6 Personen

Zutaten:

- 50 g Walnüsse
- 1 Handvoll Pistazien
- 300 g Frischkäse
- 1 EL Creme fraiche
- 1 TL getrockneter Thymian
- 1 Schuss Olivenöl
- Salz und Pfeffer

Zubereitung:

1. Als Erstes die Nüsse klein hacken.
2. Creme fraiche und Frischkäse miteinander vermischen und cremig rühren.
3. Alle Zutaten in eine Schüssel geben und erneut umrühren.
4. Zum Schluss würzen und servieren.

42. Fruchtiger BBQ-Dip

Portionen: 4-6 Personen

Zutaten:

- 1 Ananas
- ½ Flasche BBQ-Sauce
- 3 EL Tomatenketchup
- 2 TL braunen Zucker
- Salz und Pfeffer

Zubereitung:

1. Zuerst die Ananas schälen und in Würfel schneiden.

2. Alle Zutaten in einen Mixer geben und cremig pürieren.

3. Zum Schluss würzen und servieren.

43. Gelbe Paprika-Avocado-Creme

Portionen: 4-6 Personen

Zutaten:

- 4 Avocados
- 2 gelbe Paprikaschoten
- 1-2 Knoblauchzehen
- 5 Basilikumblätter
- 2 EL Olivenöl
- 1 Spritzer Zitronensaft
- Salz und Pfeffer

Zubereitung:

1. Zuerst die Avocados halbieren, entkernen und grob hacken.
2. Die Paprikaschoten waschen, entkernen und ebenfalls grob hacken.
3. Nun den Knoblauch schälen und halbieren.
4. Basilikum waschen.
5. Alle Zutaten in einen Mixer geben und fein pürieren.
6. Zum Schluss abschmecken und servieren.

44. Gelbe Paprikacreme mit Ingwer

Portionen: 4-6 Personen

Zutaten:

- 4 gelbe Paprikaschoten
- 1 Stück Ingwer
- 1 Handvoll Basilikum

- 4 EL Naturjoghurt
- 1 EL Olivenöl
- Salz und Pfeffer

Zubereitung:

1. Zuerst die Paprikaschoten waschen, entkernen und grob hacken.

2. Nun den Ingwer schälen, putzen und halbieren.

3. Anschließend das Basilikum waschen.

4. Alle Zutaten in einen Mixer geben und fein pürieren.

5. Zum Schluss abschmecken und servieren.

45. Gorgonzola-Oliven-Dip

Portionen: 4-6 Personen

Zutaten:

- 100 g schwarze Oliven (entkernt)
- 200 g Gorgonzola
- 3 EL Creme fraiche
- 2 EL Frischkäse
- 1 Handvoll glatte Petersilie
- 1 Knoblauchzehe
- 1 Schuss Olivenöl
- Salz und Pfeffer

Zubereitung:

1. Zuerst den Gorgonzola in grobe Stücke schneiden.
2. Die Petersilie waschen.
3. Nun den Knoblauch schälen und halbieren.
4. Alle Zutaten in einen Mixer geben und cremig pürieren.
5. Zum Schluss würzen und servieren.

46. Hähnchen-Guacamole

Portionen: 4-6 Personen

Zutaten:

- 400 g Hähnchenbrustfilet
- 6 Avocados
- 2 Schalotten

- Saft einer halben Zitrone
- 1 Schuss Olivenöl
- Salz und Pfeffer

Zubereitung:

1. Zuerst das Fleisch putzen, in einen Topf geben, gar kochen und abkühlen lassen.

2. In der Zwischenzeit die Avocados halbieren, entkernen, das Fruchtfleisch heraus löffeln und mit einer Gabel leicht zerdrücken.

3. Nun die Schalotten schälen und würfeln.

4. Das Fleisch nun in kleine Stücke schneiden.

5. Alle Zutaten in eine Schüssel geben und umrühren.

6. Zum Schluss würzen und servieren.

47. Herbstlicher Süßkartoffel-Dip

Portionen: 4-6 Personen

Zutaten:

- 2-3 Süßkartoffeln
- 2 Karotten
- 1 kleines Stück Ingwer
- 1 Handvoll glatte Petersilie
- 1 TL Zucker
- 1 Schuss Olivenöl
- Salz und Pfeffer

Zubereitung:

1. Zuerst die Süßkartoffeln schälen, waschen und in Stücke schneiden.
2. In den Ofen auf 200 Grad vorheizen.
3. Die Süßkartoffeln auf ein Backblech platzieren, mit Olivenöl beträufeln und für etwa 30-45 Minuten backen. Anschließend komplett erkalten lassen.
4. In der Zwischenzeit die Karotten schälen, waschen und in Stücke schneiden.
5. Ingwer schälen und halbieren.
6. Nun die Petersilie waschen.
7. Alle Zutaten in einen Mixer geben und cremig pürieren.
8. Zum Schluss würzen und servieren.

48. Honig-Senf-Dip

Portionen: 4-6 Personen

Zutaten:

- 1 Pck. Ricotta Käse
- 5 EL Naturjoghurt
- 3-5 EL Honig
- 3 TL mittelscharfer Senf
- 1 Handvoll Petersilie
- Salz und Pfeffer

Zubereitung:

1. Als Erstes die Petersilie waschen.
2. Alle Zutaten nun in einen Mixer geben und fein pürieren.
3. Zum Schluss würzen und servieren.

49. Indische Karottencreme (scharf)

Portionen: 4-6 Personen

Zutaten:

- 5 Karotten
- 100 ml Kokoscreme
- 200 g Naturjoghurt
- 4 EL Creme fraiche
- 2 TL Currypulver

- 1 Stück Ingwer
- 1 TL Harissa (Gewürzpaste)
- 1 Schuss Olivenöl
- Salz und Pfeffer

Zubereitung:

1. Zuerst die Karotten schälen, waschen und in schmale Stücke schneiden.
2. Den Ingwer schälen und halbieren.
3. Alle Zutaten in einen Mixer geben und cremig pürieren.
4. Zum Schluss würzen und servieren.

50. Lachscreme

Portionen: 4-6 Personen

Zutaten:

- 3 Pck. Räucherlachs
- 400 g Frischkäse
- 3 EL Creme fraiche
- Saft einer halben Zitrone

- 2 EL Olivenöl
- 1 Handvoll Dill
- Salz und Pfeffer

Zubereitung:

1. Zuerst den Dill waschen, sehr fein hacken und erstmal beiseitelegen.
2. In der Zwischenzeit alle Zutaten in einen Mixer geben und cremig pürieren.
3. Zum Schluss würzen, Dill unterheben und servieren.

51. Lachs-Frischkäse-Creme mit Dill

Portionen: 4-6 Personen

Zutaten:

- 1 Pck. Räucherlachs
- 400 g Frischkäse
- 1 EL Creme fraiche
- 1 kleines Bund Dill

- Saft einer halben Zitrone
- 1 Knoblauchzehe
- Salz und Pfeffer

Zubereitung:

1. Zuerst den Lachs in kleine Würfel schneiden und beiseite legen.
2. In der Zwischenzeit Creme fraiche, Frischkäse und Zitronensaft miteinander vermengen und cremig rühren.
3. Den Dill wasche und sehr fein hacken.
4. Anschließend die Knoblauchzehe schälen und mit einem Mörser sehr fein zerdrücken.
5. Alle Zutaten nun vermengen und gründlich umrühren.
6. Zum Schluss den Lachs hinzufügen, würzen, umrühren und servieren.

52. Karottencreme mit Hirtenkäse

Portionen: 4-6 Personen

Zutaten:

- 4 Karotten
- 300 g Hirtenkäse
- 6 Basilikumblätter

- 1 Schuss Olivenöl
- Salz und Pfeffer

Zubereitung:

1. Als Erstes die Karotten schälen, waschen und in schmale Stücke schneiden.
2. Die Basilikumblätter waschen.
3. Alle Zutaten nun in einen Mixer geben und cremig pürieren.
4. Zum Schluss würzen und servieren.

53. Kichererbsen-Kokos-Creme mit Basilikum

Portionen: 4-6 Personen

Zutaten:

- 1 kleine Dose Kichererbsen (vorgekocht)
- 2 EL Kokosnussöl
- 4 EL Kokosnusscreme

- 1 Handvoll Basilikum
- 3 getrocknete Tomaten
- 2 TL Zucker/brauner Zucker
- Salz und Pfeffer

Zubereitung:

1. Zuerst die Kichererbsen durch ein Sieb geben und mehrmals waschen.
2. Basilikum ebenfalls waschen.
3. Nun die getrockneten Tomaten grob hacken.
4. Alle Zutaten in einen Mixer geben und cremig pürieren.
5. Zum Schluss würzen und servieren.

54. Kichererbsen-Zwiebel-Creme

Portionen: 4-6 Personen

Zutaten:

- 2 Dosen Kichererbsen (vorgekocht)
- 2 Zwiebeln
- 3 EL Tahini (Sesampaste)
- 1 Schuss Olivenöl
- 1 Knoblauchzehe
- Salz

Zubereitung:

1. Zuerst die Kichererbsen durch ein Sieb geben, mehrmals waschen und abtropfen lassen.

2. Die Zwiebeln schälen und fein hacken.

3. Nun den Knoblauch schälen und halbieren.

4. Alle Zutaten, außer die Zwiebeln, in einen Mixer geben und cremig pürieren.

5. Zum Schluss die Zwiebeln dazugeben, umrühren, würzen und servieren.

55. Knoblauchcreme mit getrockneten Tomaten

Portionen: 4-6 Personen

Zutaten:

- 300 g Naturjoghurt
- 300 g Creme fraiche
- 2 Knoblauchzehen
- 1 Handvoll glatte Petersilie

- 6 getrocknete Tomaten inklusive Öl
- Salz und Pfeffer

Zubereitung:

1. Zuerst den Knoblauch abziehen und mit einem Mörser sehr fein zerdrücken.

2. Nun die Petersilie waschen und sehr fein hacken.

3. Die getrockneten Tomaten grob hacken.

4. Zum Schluss alle Zutaten miteinander vermischen, cremig rühren, würzen und servieren.

56. Kokos-Linsen-Creme

Portionen: 4-6 Personen

Zutaten:

- 3 Tassen feine Linsen
- 2 TL Kokosöl
- 5 EL Creme fraiche

- 1 Schuss Kokosmilch
- 1 Handvoll glatte Petersilie
- Salz und Pfeffer

Zubereitung:

1. Zuerst die Linsen waschen und verlesen.

2. Linsen mit Salzwasser in einen Topf geben, gar kochen und komplett abkühlen lassen.

3. Nun die Petersilie waschen.

4. Alle Zutaten in einen Mixer geben und cremig pürieren.

5. Zum Schluss würzen und servieren.

57. Kräuter-Creme mit Sellerie

Portionen: 4-6 Personen

Zutaten:

- 1 kleines Bund glatte Petersilie
- 1 Handvoll Koriander
- 350 g Speisequark
- 100 g Naturjoghurt

- 1 kleine Selleriestange
- etwas Olivenöl
- Salz und Pfeffer

Zubereitung:

1. Zuerst Petersilie und Koriander waschen und fein hacken.

2. Sellerie putzen und in kleine Stücke schneiden.

3. Nun alle Zutaten miteinander vermischen und umrühren.

4. Zum Schluss würzen und servieren.

58. Kräuter-Ziegenkäse-Creme

Portionen: 4-6 Personen

Zutaten:

- 300 g Ziegenkäse
- 3 EL Frischkäse
- 1 Handvoll glatte Petersilie
- 1 Handvoll Basilikum
- 3 EL Milch
- Pfeffer

Zubereitung:

1. Zuerst Petersilie und Basilikum waschen.

2. Anschließend alle Zutaten in einen Mixer geben und cremig pürieren.

3. Zum Schluss abschmecken und servieren.

59. Kürbis-Frischkäse-Creme

Portionen: 4-6 Personen

Zutaten:

- ½ Hokkaido-Kürbis
- 250 g Frischkäse
- 2 Knoblauchzehen
- 1 Handvoll glatte Petersilie
- Salz und Pfeffer

Zubereitung:

1. Zuerst den Kürbis schälen und entkernen.
2. Den Kürbis in Salzwasser gar kochen und komplett abkühlen lassen-
3. In der Zwischenzeit die Knoblauchzehen schälen und halbieren.
4. Anschließend die Petersilie waschen.
5. Alle Zutaten in einen Mixer geben und pürieren.
6. Zum Schluss abschmecken und servieren.

60. Kürbis-Ingwer-Creme

Portionen: 4-6 Personen

Zutaten:

- 1 mittelgroßes Stück Butternut-Kürbis
- 1 Stück Ingwer
- 1 Knoblauchzehe

- 1 Handvoll glatte Petersilie
- 2 EL Naturjoghurt
- 1 Schuss Rapsöl
- Salz und Pfeffer

Zubereitung:

1. Zuerst den Kürbis in Stücke schneiden.

2. Den Ingwer schälen, putzen und halbieren.

3. Nun den Knoblauch schälen und ebenfalls halbieren.

4. Anschließend die Petersilie waschen.

5. Alle Zutaten in einen Mixer geben und pürieren.

6. Zum Schluss abschmecken und servieren.

61. Kürbis-Kräuter-Creme

Portionen: 4-6 Personen

Zutaten:

- 1 Hokkaido-Kürbis
- 1 Schuss Olivenöl
- 1 Schuss Sesamöl

- 1 Handvoll Koriander
- Salz und Pfeffer

Zubereitung:

1. Zuerst den Kürbis schälen, entkernen und das Fruchtfleisch in schmale Streifen schneiden.

2. Den Ofen auf 200 Grad vorheizen.

3. Nun den Kürbis auf ein Backblech platzieren, etwas Olivenöl hinzufügen und für etwa 30-40 Minuten backen. Anschließend komplett abkühlen lassen.

4. Währenddessen den Koriander waschen.

5. Alle Zutaten nun in einen Mixer geben und cremig pürieren.

6. Zum Schluss würzen und servieren.

62. Limetten-Fenchel-Creme

Portionen: 4-6 Personen

Zutaten:

- 2 Fenchelknollen
- 3 Avocados
- Saft aus 2 Limetten

- 1 Handvoll glatte Petersilie
- 1 Schuss Rapsöl
- Salz und Pfeffer

Zubereitung:

1. Zuerst den Fenchel waschen, putzen und grob hacken.
2. Nun die Avocados halbieren, entkernen und das Fruchtfleisch heraus löffeln.
3. Anschließend die Petersilie waschen.
4. Alle Zutaten in einen Mixer geben und cremig pürieren.
5. Zum Schluss würzen und servieren.

63. Linsen-Basilikum-Creme

Portionen: 4-6 Personen

Zutaten:

- 4 Tassen feine Linsen
- 1 Handvoll Basilikum
- 2 Knoblauchzehen
- 2 EL Tomatenmark

- 2 TL Zucker
- 300 g Ricotta Käse
- Salz und Pfeffer

Zubereitung:

1. Als Erste die Linsen in Salzwasser gar kochen, abgießen und komplett abkühlen lassen.

2. Währenddessen die Knoblauchzehen schälen und halbieren.

3. Das Basilikum waschen.

4. Alle Zutaten nun in einen Mixer geben und cremig pürieren.

5. Zum Schluss würzen und servieren.

64. Linsen-Curry-Dip

Portionen: 4-6 Personen

Zutaten:

- 2 Tassen feine Linsen (grün)
- 1 TL Gemüsebrühe
- 1 Knoblauchzehe
- 2 EL Tahini (Sesampaste)
- 1 EL Currypulver

- 1 TL Paprikapulver
- 2 EL Creme fraiche
- etwas Olivenöl
- Salz und Pfeffer

Zubereitung:

1. Zuerst die Linsen waschen und verlesen.

2. Linsen, Wasser und Gemüsebrühe in einen Topf geben, etwa 10-15 Minuten köcheln lassen und danach komplett abkühlen.

3. Währenddessen die Knoblauchzehe schälen und halbieren.

4. Alle Zutaten nun in einen Smoothie-Mixer geben und fein pürieren.

5. Zum Schluss Creme fraiche hinzufügen, umrühren, würzen und servieren.

65. Linsen-Kräuter-Creme

Portionen: 4-6 Personen

Zutaten:

- 4 Tassen feine Linsen
- 1 Handvoll glatte Petersilie
- 1 Handvoll Babyspinat
- 2 EL Tomatenmark

- 5 Basilikumblätter
- 150 g Frischkäse
- 1 TL Zucker
- Salz und Pfeffer

Zubereitung:

1. Zuerst die Linsen waschen und verlesen.
2. Die Linsen, in Salzwasser, gar kochen und komplett erkalten lassen.
3. Währenddessen Babyspinat waschen und gründlich putzen.
4. Petersilie und Basilikum ebenfalls waschen.
5. Alle Zutaten nun in einen Mixer geben und cremig pürieren.
6. Zum Schluss würzen und servieren.

66. Linsen-Paprika-Creme

Portionen: 4-6 Personen

Zutaten:

- 3 Tassen rote Linsen
- 2-3 rote Paprikaschoten
- 1 Knoblauchzehe

- 2 TL getrocknetes Basilikum
- 1 EL Agavendicksaft
- Salz und Pfeffer

Zubereitung:

1. Zuerst die Linsen waschen und verlesen.

2. Nun die Linsen in Salzwasser gar kochen und komplett abkühlen lassen.

3. In der Zwischenzeit die Paprikaschoten waschen, entkernen und in Stücke schneiden.

4. Anschließend Basilikum waschen.

5. Nun die Knoblauchzehe schälen und halbieren.

6. Alle Zutaten in einen Mixer geben und pürieren.

7. Zum Schluss abschmecken und servieren.

67. Mais-Avocado-Dip

Portionen: 4-6 Personen

Zutaten:

- 2 Dosen Mais
- 6 Avocados
- 2 Schalotten

- Saft einer halben Zitrone
- Schuss Olivenöl
- Salz und Pfeffer

Zubereitung:

1. Zuerst den Mais durch ein Sieb geben, mehrmals waschen und abtropfen lassen.
2. Die Avocados halbieren, entkernen, das Fruchtfleisch heraus löffeln und mit einer Gabel grob zerdrücken.
3. Nun die Schalotten schälen und in feine Würfel schneiden.
4. Alle Zutaten in eine Schüssel geben und umrühren.
5. Zum Schluss würzen und servieren.

68. Mango-Avocado-Creme mit Nüssen

Portionen: 4-6 Personen

Zutaten:

- 5 Mangos
- 5 Avocados
- 1 Handvoll glatte Petersilie
- 1 Handvoll Pinienkerne

- 1 Schuss Olivenöl
- 1 Knoblauchzehe
- Salz und Pfeffer

Zubereitung:

1. Zuerst die Mangos schälen und das Fruchtfleisch vom Kern entfernen.
2. Nun die Avocados halbieren, entkernen und das Fruchtfleisch heraus löffeln.
3. Anschließend den Knoblauch schälen und halbieren.
4. Alle Zutaten in einen Mixer geben und cremig pürieren.
5. Zum Schluss würzen und servieren.

69. Mediterraner Dip

Portionen: 4-6 Personen

Zutaten:

- 300 g Speisequark
- 5 EL Naturjoghurt
- 4 EL Creme fraiche
- 6-8 getrocknete Tomaten

- 3 TL getrockneter Thymian
- 2 TL getrocknetes Basilikum
- 1 Schuss Olivenöl
- Salz und Pfeffer

Zubereitung:

1. Zuerst die getrockneten Tomaten klein hacken.
2. Quark, Creme fraiche und Joghurt vorab miteinander vermischen und cremig rühren.
3. Zum Schluss Öl und Kräuter hinzufügen, erneut umrühren, würzen und servieren.

70. Möhren-Ingwer-Creme mit Basilikum

Portionen: 4-6 Personen

Zutaten:

- 4 Möhren
- 1 Stück Ingwer
- 1 Handvoll Basilikum
- 3-4 EL Creme fraiche

- 1 EL Olivenöl
- 1 TL Zucker
- Salz und Pfeffer

Zubereitung:

1. Zuerst die Möhren schälen, waschen und in Stücke schneiden.
2. Den Ingwer schälen, putzen und halbieren.
3. Nun das Basilikum waschen.
4. Alle Zutaten in einen Mixer geben und pürieren.
5. Zum Schluss Creme fraiche hinzufügen, umrühren, abschmecken und servieren.

71. Obatzter (Klassisch)

Portionen: 4-6 Personen

Zutaten:

- 1 Zwiebel
- 300 g Camembert
- 150 g Frischkäse
- 30-50 g weiche Butter (alternativ auch Margarine)
- 1-2 TL Paprikapulver
- Salz und Pfeffer

Zubereitung:

1. Zuerst die Zwiebel schälen und in feine Würfel schneiden.

2. Camemberts, Frischkäse und Butter in eine Schüssel geben und mit einer Gabel solange zerdrücken, bis sich eine cremige Konsistenz daraus gebildet hat.

3. Pfeffer, Salz und Paprikapulver hinzufügen und erneut umrühren.

4. Zum Schluss Zwiebeln unterheben und servieren.

72. Orangen-Chili-Dip

Portionen: 4-6 Personen

Zutaten:

- 8 Orangen
- ½ Chilischote
- 1 Schalotte

- 1 Schuss Olivenöl
- Salz und Pfeffer

Zubereitung:

1. Zuerst die Orangen schälen, filetieren und in Stücke schneiden.
2. Die Chilischote waschen, entkernen und in Röllchen schneiden.
3. Nun die Schalotte schälen und in feine Würfel schneiden.
4. Alle Zutaten in eine Schüssel geben und umrühren.
5. Zum Schluss würzen und servieren.

73. Paprika-Birnen-Creme

Portionen: 4-6 Personen

Zutaten:

- 3 gelbe Paprikaschoten
- 2 Birnen
- 2 EL Honig
- 200 g Frischkäse
- 50 g Naturjoghurt
- etwas Öl zum Braten
- Salz und Pfeffer

Zubereitung:

1. Zuerst die Paprikaschoten waschen, entkernen und in dicke Streifen schneiden.

2. In einer Pfanne etwas Öl erhitzen, die Paprika scharf anbraten und abkühlen lassen.

3. Währenddessen die Birnen waschen, entkernen und grob würfeln.

4. Alle Zutaten in einen Mixer geben und cremig pürieren.

5. Zum Schluss würzen und servieren.

74. Paprika-Feta-Creme mit Kokosöl

Portionen: 4-6 Personen

Zutaten:

- 4 rote Paprikaschoten
- 200 g Fetakäse oder Hirtenkäse
- 2 EL Kokosöl
- 3 EL Kokoscreme
- Salz und Pfeffer

Zubereitung:

1. Zuerst die Paprika waschen, entkernen und grob würfeln.
2. Fetakäse aus der Salzlake nehmen und halbieren.
3. Alle Zutaten in einen Mixer geben und fei pürieren.
4. Zum Schluss würzen und servieren.

75. Pflaumen-Chili-Chutney

Portionen: 4-6 Personen

Zutaten:

- 1 kg Pflaumen
- 2 EL braunen Zucker
- 1 Chilischote
- Salz und Pfeffer

Zubereitung:

1. Zuerst die Pflaumen waschen, entkernen und grob würfeln.
2. Chili ebenfalls waschen, entkernen und in Stücke schneiden.
3. Alle Zutaten in einen Mixer geben und cremig pürieren.
4. Zum Schluss würzen und servieren.

76. Pflaumen-Koriander-Creme

Portionen: 4-6 Personen

Zutaten:

- 6 frische Pflaumen
- 1 Bund Koriander
- 1 TL Kokosöl
- 500 g Naturjoghurt

- 3 EL Creme fraiche
- 1 Schuss Olivenöl
- Salz und Pfeffer

Zubereitung:

1. Als Erstes die Pflaumen waschen, entkernen und in Würfel schneiden.

2. Koriander waschen.

3. Nun Pflaumen, Koriander, Öl und Kokosöl in einen Mixer geben und cremig pürieren.

4. Creme fraiche, Naturjoghurt vorab miteinander vermischen und umrühren.

5. Zum Schluss alle Zutaten vermischen, Pflaumen unterheben, würzen und servieren.

77. Pflaumen-Rucola-Creme mit Petersilie und Frischkäse

Portionen: 4-6 Personen

Zutaten:

- 1 Pck. Rucola
- 1 Handvoll Petersilie
- 6 frische Pflaumen
- 1 Schuss Olivenöl
- 300 g Frischkäse
- Salz und Pfeffer

Zubereitung:

1. Zuerst Rucola waschen und gründlich putzen.
2. Petersilie ebenfalls waschen.
3. Anschließend die Pflaumen waschen, entkernen und in kleine Stücke hacken
4. Rucola, Petersilie und Öl in einen Mixer geben und cremig pürieren.
5. Frischkäse hinzufügen und cremig rühren.
6. Zum Schluss die Pflaumen dazugeben, erneut umrühren, würzen und servieren.

78. Pflaumen-Rucola-Creme mit Ricotta-Käse und Creme fraiche

Portionen: 4-6 Personen

Zutaten:

- 500 g Pflaumen
- 1 Pck. Rucola
- 250 g Ricotta Käse
- 2 EL Creme fraiche
- 1 Schuss Olivenöl
- Salz und Pfeffer

Zubereitung:

1. Als Erstes die Pflaumen waschen, entkernen und in Stücke schneiden.

2. Den Rucola waschen und gründlich putzen.

3. Anschließend alle Zutaten in einen Mixer geben und cremig pürieren.

4. Zum Schluss würzen und servieren.

79. Ricotta-Minz-Creme

Portionen: 4-6 Personen

Zutaten:

- 450 g Ricotta Käse
- 2 EL Creme fraiche
- 5 EL Naturjoghurt
- 1 Schuss Olivenöl

- 1 Schuss Milch
- 1 Handvoll frische Minze
- Salz und Pfeffer

Zubereitung:

1. Zuerst die Minze waschen und sehr fein hacken.

2. Alle Zutaten nun in eine Schüssel geben und cremig rühren.

3. Zum Schluss würzen, abschmecken und servieren.

80. Rote Beete-Creme mit Kürbis

Portionen: 4-6 Personen

Zutaten:

- 1 mittelgroßes Stück Butternut-Kürbis
- 3 Rote Beete-Knollen (vorgekocht)
- 3 EL Creme fraiche
- 5 EL Naturjoghurt
- Salz und Pfeffer

Zubereitung:

1. Zuerst den Kürbis schälen und in Stücke schneiden.
2. Rote Beete vierteln.
3. Anschließend alle Zutaten in einen Mixer geben und fein pürieren.
4. Zum Schluss abschmecken und servieren.

81. Rote Beete-Creme mit Sesamöl

Portionen: 4-6 Personen

Zutaten:

- 5 Rote Beete-Knollen (vorgekocht)
- 2 EL Sesamöl
- 2 Avocados
- 150 g Frischkäse
- 1-2 EL Olivenöl
- 1 TL Zucker
- Salz und Pfeffer

Zubereitung:

1. Zuerst die Rote Beete vierteln.
2. Nun die Avocados halbieren, entkernen und das Fruchtfleisch grob hacken.
3. Alle Zutaten in einen Mixer geben und cremig pürieren.
4. Zum Schluss würzen und servieren.

82. Rote Beete-Dip mit Ingwer

Portionen: 4-6 Personen

Zutaten:

- 6 Rote Beete-Knollen (vorgekocht)
- 3 EL Rapsöl
- 1 Apfel
- 1 Stück Ingwer
- 1 Handvoll glatte Petersilie
- 2 EL Agavendicksaft
- Salz und Pfeffer

Zubereitung:

1. Zuerst die Rote Beete säubern und in Stücke schneiden.
2. Nun den Apfel waschen, entkernen und grob hacken.
3. Anschließend den Ingwer schälen, putzen und halbieren.
4. Die glatte Petersilie waschen.
5. Alle Zutaten in einen Smoothie-Maker geben und fein pürieren.
6. Zum Schluss abschmecken und servieren.

83. Rote Beete-Dip mit Kokos

Portionen: 4-6 Personen

Zutaten:

- 4 Rote Beete-Knollen (vorgekocht)
- 2 EL Kokosnussöl
- 300 g Ricotta Käse

- 3 EL Kokosnusscreme
- 2 TL Zucker
- Salz und Pfeffer

Zubereitung:

1. Zuerst die Rote Beete vierteln.
2. Alle Zutaten nun in einen Mixer geben und cremig pürieren.
3. Zum Schluss würzen und servieren.

84. Rote Beete-Mandel-Creme

Portionen: 4-6 Personen

Zutaten:

- 6 Rote Beete-Knollen (vorgekocht)
- 1-2 EL Mandelmus
- 200 g Frischkäse

- 2 EL Creme fraiche
- 1 Schuss Olivenöl
- 2 TL Brauner Zucker
- Salz und Pfeffer

Zubereitung:

1. Als Erstes die Rote Beete säubern und vierteln.

2. Alle Zutaten nun in einen Mixer geben und fein pürieren.

3. Zum Schluss würzen und servieren.

85. Rote Bohnen-Dip

Portionen: 4-6 Personen

Zutaten:

- 2 Dosen Kidneybohnen
- 1 Handvoll glatte Petersilie
- 1 Knoblauchzehe

- 150 g Naturjoghurt
- 1 Schuss Olivenöl
- Salz und Pfeffer

Zubereitung:

1. Zuerst die Kidneybohnen durch ein Sieb geben, mehrmals waschen und abtropfen lassen.

2. Die Petersilie waschen.

3. Nun die Knoblauchzehe schälen und halbieren.

4. Alle Zutaten, außer den Joghurt, in einen Mixer geben und fein pürieren.

5. Zum Schluss Frischkäse und Bohnen-Creme vermengen, gründlich umrühren, würzen und servieren.

86. Rucola-Frischkäse-Creme

Portionen: 4-6 Personen

Zutaten:

- 1 Pck. Rucola
- 400 g Frischkäse
- 1 Knoblauchzehe
- 1 Spritzer Zitronensaft
- Salz und Pfeffer

Zubereitung:

1. Zuerst den Rucola waschen und gründlich putzen.

2. Knoblauch schälen und halbieren.

3. Alle Zutaten in einen Mixer geben und cremig pürieren.

4. Zum Schluss würzen und servieren.

87. Scharfer Dattel-Koriander-Dip

Portionen: 4-6 Personen

Zutaten:

- 15 Datteln
- 1 kleines Stück Ingwer
- 1 kleine Chilischote
- 1 Handvoll Koriander
- 1 Handvoll glatte Petersilie
- 2 Avocados
- Salz und Pfeffer

Zubereitung:

1. Zuerst die Datteln entkernen und grob hacken.

2. Ingwer schälen, putzen und halbieren.

3. Nun die Chilischote waschen, entkernen und halbieren.

4. Anschließend Koriander und Petersilie waschen.

5. Danach die Avocados halbieren, entkernen und das Fruchtfleisch grob würfeln.

6. Alle Zutaten in einen Mixer geben und fein pürieren.

7. Zum Schluss würzen und servieren.

88. Scharfe Feigencreme

Portionen: 4-6 Personen

Zutaten:

- 12 Feigen
- 1 Stück Ingwer
- 1 Handvoll frische Minze
- 1 Handvoll Walnüsse
- 1 TL Zucker
- Salz und Pfeffer

Zubereitung:

1. Zuerst die Feigen putzen und in grobe Stücke schneiden.
2. Den Ingwer schälen, putzen und halbieren.
3. Anschließend die frische Minze waschen.
4. Alle Zutaten nun in einen Mixer geben und cremig pürieren.
5. Zum Schluss würzen und servieren.

89. Scharfe Oliven-Paprika-Creme

Portionen: 4-6 Personen

Zutaten:

- 100 g schwarze Oliven (entkernt)
- 3 rote Paprikaschoten
- 1 Knoblauchzehe
- 200 g Ricotta Käse
- 1 EL Tomatenmark

- 2 TL Harissa (Gewürzpaste)
- 2 TL Sojasauce
- 6 Basilikumblätter
- 1 Schuss Olivenöl
- Salz und Pfeffer

Zubereitung:

1. Zuerst die Paprika schälen, entkernen und in grobe Stücke schneiden.
2. Knoblauch schälen und halbieren.
3. Das Basilikum waschen.
4. Alle Zutaten in einen Mixer geben und cremig pürieren.
5. Zum Schluss würzen und servieren.

90. Scharfe Tomaten-Knoblauch-Creme

Portionen: 4-6 Personen

Zutaten:

- 2 Knoblauchzehen
- 3 Fleischtomaten
- 1-2 TL Harissa (Chilipaste)
- 3 EL Tomatenmark
- 200 g Frischkäse

- 100 g Ricotta Käse
- 5 Basilikumblätter
- 2 TL Zucker
- Salz und Pfeffer

Zubereitung:

1. Zuerst die Knoblauchzehen schälen und halbieren.
2. Die Tomaten waschen und grob hacken.
3. Anschließend die Basilikumblätter ebenfalls waschen.
4. Alle Zutaten nun in einen Mixer geben und fein pürieren.
5. Zum Schluss würzen und servieren.

91. Schnelle Cocktailsauce

Portionen: 4-6 Personen

Zutaten:

- 300 g Mayonnaise
- 6 EL Tomatenketchup
- 1 Gewürzgurke

- 2 EL Zucker
- Salz und Pfeffer

Zubereitung:

1. Zuerst die Gurke in kleine Würfel schneiden.

2. Alle Zutaten miteinander vermengen und gründlich verrühren.

3. Zum Schluss würzen und servieren.

92. Schnelle Eier-Kräuter-Creme

Portionen: 4-6 Personen

Zutaten:

- 10 hartgekochte Eier
- 200 g Mayonnaise
- 3 EL Creme fraiche
- 3 EL Naturjoghurt

- 1 Handvoll glatte Petersilie
- 2 TL Zucker
- 1 Schuss Weißweinessig
- Salz und Pfeffer

Zubereitung:

1. Als Erstes die Eier schälen, das Eigelb vom Eiweiß trennen und in zwei separate Schüssel geben.

2. Eigelb mit einer Gabel zerdrücken, Mayonnaise, Creme fraiche und Joghurt hinzufügen und cremig zerdrücken.

3. Das Eiweiß in kleine Würfel schneiden.

4. Anschließend die glatte Petersilie waschen und sehr fein hacken.

5. Eiweiß unter die Eigelb-Mischung heben und vorsichtig umrühren.

6. Zum Schluss Weißweinessig, Zucker, Salz und Pfeffer dazugeben, erneut umrühren und servieren.

93. Schneller Kräuter-Schalotten-Quark

Portionen: 4-6 Personen

Zutaten:

- 400-500 g Speisequark
- 3 EL Naturjoghurt
- 2-3 Schalotten
- 1 Handvoll glatte Petersilie

- 5 Schnittlauchhalme
- 1 Schuss Olivenöl
- 1 Spritzer Zitronensaft
- Salz und Pfeffer

Zubereitung:

1. Zuerst Speisequark und Joghurt miteinander vermischen, cremig rühren und kalt stellen.

2. In der Zwischenzeit die Schalotten schälen und in feine Würfel schneiden.

3. Die Petersilie waschen und sehr fein hacken.

4. Anschließend den Schnittlauch waschen und in feine Röllchen schneiden.

5. Alle Zutaten in eine Schüssel geben und vermischen.

6. Zum Schluss würzen und servieren.

94. Spinat-Frischkäse-Creme

Portionen: 4-6 Personen

Zutaten:

- 2 Pck. Babyspinat
- 400 g Frischkäse
- 2 Knoblauchzehen
- Salz und Pfeffer
- etwas Öl zum Braten

Zubereitung:

1. Zuerst den Knoblauch schälen und fein hacken.

2. Babyspinat waschen und putzen.

3. In einer Pfanne etwas Öl erhitzen und Knoblauch andünsten.

4. Nun den Spinat hinzufügen, gut vermengen, braten und kräftig würzen.

5. Den Spinat anschließend umfüllen und komplett erkalten lassen.

6. Frischkäse und Spinat miteinander vermengen und gründlich umrühren.

7. Zum Schluss nochmals abschmecken und servieren.

95. Süßer Dattel-Kokos-Dip

Portionen: 4-6 Personen

Zutaten:

- 2 EL kaltgepresstes Kokosnussöl
- 50 ml Kokosnusscreme
- 5 EL Sojajoghurt (natur)
- 4 Datteln
- 2 Birnen
- Salz und Pfeffer

Zubereitung:

1. Zuerst die Birnen waschen, entkernen und grob würfeln.

2. Anschließend die Datteln entkernen.

3. Alle Zutaten nun in einen Mixer geben und cremig pürieren.

4. Zum Schluss würzen und servieren.

96. Süßer Erdnuss-Dip

Portionen: 4-6 Personen

Zutaten:

- 3 Birnen
- 200 g Erdnussbutter (mit oder ohne Stückchen)
- 3 EL Creme fraiche
- 120 ml Kokosmilch/Kokoscreme
- 1 EL Agavendicksaft
- Salz und Pfeffer

Zubereitung:

1. Als Erstes die Birnen waschen, entkernen und in Stücke schneiden.
2. Alle Zutaten in einen Mixer geben und fein pürieren.
3. Zum Schluss würzen und servieren.

97. Süßer Oliven-Joghurt-Dip

Portionen: 4-6 Personen

Zutaten:

- 4 Pfirsiche
- 1 Handvoll schwarze Oliven
- 1 Handvoll glatte Petersilie
- 2 EL Frischkäse

- 5 EL Naturjoghurt
- 1 Schuss Olivenöl
- Salz und Pfeffer

Zubereitung:

1. Zuerst die Pfirsiche waschen, entkernen und grob würfeln.
2. Die Petersilie waschen und grob hacken.
3. Anschließend alle Zutaten in einen Mixer geben und pürieren.
4. Zum Schluss abschmecken und servieren.

98. Süßer Zucchini-Knoblauch-Dip

Portionen: 4-6 Personen

Zutaten:

- 1 mittelgroßes Stück Zucchini
- 2 Knoblauchzehen
- 250 g Frischkäse

- 4 EL Naturjoghurt
- 2 EL Honig
- Salz und Pfeffer

Zubereitung:

1. Zuerst die Zucchini putzen und grob hacken.

2. Nun den Knoblauch schälen und halbieren.

3. Alle Zutaten in einen Mixer geben und cremig pürieren.

4. Zum Schluss würzen und servieren.

99. Thunfischcreme

Portionen: 4-6 Personen

Zutaten:

- 2 Dosen Thunfisch
- 1 Handvoll Basilikum
- 3 EL Mayonnaise

- 1 TL mittelscharfer Senf
- 300 g Frischkäse
- Salz und Pfeffer

Zubereitung:

1. Zuerst den Thunfisch aus der Dose nehmen und etwas abtropfen lassen.
2. Das Basilikum waschen.
3. Alle Zutaten nun in einen Mixer geben und cremig pürieren.
4. Zum Schluss würzen und servieren.

100. Thunfisch-Kichererbsen-Creme

Portionen: 4-6 Personen

Zutaten:

- 1 Dose Kichererbsen (vorgekocht)
- 1 Dose Thunfisch
- 3 EL Creme fraiche
- 2 EL Olivenöl

- 1 Spritzer Zitronensaft
- 1 Handvoll glatte Petersilie
- 3 EL Tahini (Sesampaste)
- Salz und Pfeffer

Zubereitung:

1. Zuerst die Kichererbsen durch ein Sieb geben und mehrmals waschen.
2. Thunfisch aus der Dose nehmen und leicht abtropfen lassen.
3. Nun die Petersilie waschen und grob hacken.
4. Alle Zutaten in einen Mixer geben und fein pürieren.
5. Zum Schluss würzen und servieren.

101. Tomaten-Apfel-Dip

Portionen: 4-6 Personen

Zutaten:

- 3 Fleischtomaten
- 2 TL Tomatenmark
- 4 rote Äpfel
- 1 Knoblauchzehe

- 150 g Hirtenkäse
- 2 TL Zucker
- Salz und Pfeffer

Zubereitung:

1. Zuerst die Tomaten waschen und grob würfeln.
2. Die Äpfel waschen, entkernen und ebenfalls grob hacken.
3. Anschließend alle Zutaten in einen Mixer geben und cremig pürieren.
4. Zum Schluss würzen und servieren.

102. Tomaten-Basilikum-Dip mit Frischkäse

Portionen: 4-6 Personen

Zutaten:

- 6 Fleischtomaten
- 2 EL Tomatenmark
- 1 Handvoll Basilikum
- 1 Knoblauchzehe

- 150 g Frischkäse
- 2 TL Zucker
- Salz und Pfeffer

Zubereitung:

1. Zuerst die Tomaten waschen und in grobe Stücke schneiden-

2. Das Basilikum waschen.

3. Nun die Knoblauchzehe schälen und halbieren.

4. Alle Zutaten in einen Mixer geben und pürieren.

5. Zum Schluss Frischkäse hinzufügen, umrühren, abschmecken und servieren.

103. Tomaten-Hirtenkäse-Creme mit Thymian (scharf)

Portionen: 4-6 Personen

Zutaten:

- 4 Fleischtomaten
- 300 g Hirtenkäse
- 1 Schuss Milch
- 1-2 TL Harissa (Gewürzpaste)
- 1 Handvoll glatte Petersilie
- 2 TL getrockneter Thymian
- 1 Schuss Olivenöl
- Salz und Pfeffer

Zubereitung:

1. Als Erstes die Fleischtomaten waschen und in grobe Stücke schneiden.
2. Petersilie waschen.
3. Alle Zutaten in einen Mixer geben und cremig pürieren.
4. Zum Schluss würzen und servieren.

104. Tomaten-Koriander-Dip mit Oliven

Portionen: 4-6 Personen

Zutaten:

- 3 Fleischtomaten
- 3 EL Tomatenmark
- 100 g schwarze Oliven (entkernt)
- 1 Handvoll Koriander

- 200 g Hirtenkäse
- 1 Schuss Olivenöl
- Salz und Pfeffer

Zubereitung:

1. Als Erstes die Tomaten waschen und grob hacken.
2. Den Koriander waschen.
3. Nun den Käse zerteilen.
4. Alle Zutaten in einen Mixer geben und cremig pürieren.
5. Zum Schluss würzen und servieren.

105. Tomaten-Minz-Dip (scharf)

Portionen: 4-6 Personen

Zutaten:

- 6 Fleischtomaten
- 2 TL Harissa (Gewürzpaste)
- 4 EL Tomatenmark
- 1 Handvoll frische Minze

- 250 g Mascarpone
- 2 EL Naturjoghurt
- 2-3 TL Zucker
- Salz und Pfeffer

Zubereitung:

1. Zuerst die Tomaten waschen und in grobe Stücke schneiden.
2. Die frische Minze waschen.
3. Alle Zutaten nun in einen Mixer geben und cremig pürieren.
4. Zum Schluss kräftig würzen und servieren.

106. Tomaten-Oliven-Creme mit Frischkäse

Portionen: 4-6 Personen

Zutaten:

- 4 Fleischtomaten
- 3 EL Tomatenmark
- 1 Handvoll schwarze Oliven (entkernt)
- 1 Handvoll Basilikum
- 1 Schuss Olivenöl
- 2 TL Zucker oder Agavendicksaft
- Salz und Pfeffer

Zubereitung:

1. Zuerst die Tomaten waschen und grob würfeln.
2. Das Basilikum waschen.
3. Alle Zutaten nun in einen Mixer geben und fein pürieren.
4. Zum Schluss abschmecken und servieren.

107. Tomaten-Thymian-Dip mit Frischkäse

Portionen: 4-6 Personen

Zutaten:

- 6 Fleischtomaten
- 3 TL getrockneter Thymian
- 2 TL getrocknetes Basilikum
- 3 EL Tomatenmark
- 2 TL Zucker
- 5 EL Frischkäse
- 1 Schuss Olivenöl
- Salz und Pfeffer

Zubereitung:

1. Zuerst die Tomaten waschen und in grobe Stücke schneiden.

2. Alle Zutaten nun in einen Mixer geben und fein pürieren.

3. Frischkäse und Olivenöl hinzufügen und vorsichtig verrühren.

4. Zum Schluss abschmecken und servieren.

108. Walnuss-Honig-Creme

Portionen: 4-6 Personen

Zutaten:

- 3 EL Honig
- 400 g Frischkäse
- 2 EL Creme fraiche

- 70-100 g Walnüsse
- 1 Schuss Rapsöl
- Salz und Pfeffer

Zubereitung:

1. Zuerst die Walnüsse in einen Mixer geben und fein zerkleinern.

2. Frischkäse, Honig und Creme fraiche vorab miteinander vermengen und cremig rühren.

3. Nun das Walnuss-Mus zum Frischkäse hinzufügen und gründlich verrühren.

4. Zum Schluss etwas würzen und servieren.

109. Würziger Käse-Oliven-Dip

Portionen: 4-6 Personen

Zutaten:

- 250 g Hirtenkäse
- 2 EL Creme fraiche
- 1 Handvoll schwarze Oliven
- 1 TL Chili Flakes
- 1 EL Olivenöl
- 3 Basilikumblätter
- Salz und Pfeffer

Zubereitung:

1. Zuerst die Basilikumblätter waschen.

2. Alle Zutaten in einen Mixer geben und cremig pürieren.

3. Zum Schluss würzen und servieren.

110. Zwiebel-Frischkäse-Creme

Portionen: 4-6 Personen

Zutaten:

- 3 Zwiebeln
- 1 Frühlingszwiebel
- 5 Schnittlauchhalme
- 450 g Frischkäse

- 2 EL Olivenöl
- 1 Spritzer Zitronensaft
- Salz und Pfeffer

Zubereitung:

1. Zuerst die Zwiebeln schälen und sehr fein würfeln.
2. Die Frühlingszwiebel schälen, waschen und in feine Röllchen schneiden.
3. Anschließend den Schnittlauch waschen und ebenfalls in feine Röllchen schneiden.
4. Frischkäse, Olivenöl und Zitrone miteinander vermengen und cremig rühren.
5. Zwiebeln und Schnittlauch hinzufügen und erneut umrühren.
6. Zum Schluss kräftig würzen und servieren.

111. Zwiebel-Dattel-Dip

Portionen: 4-6 Personen

Zutaten:

- 6 Zwiebeln
- 5-8 Datteln
- 1 Pck. Ricotta Käse

- 4 EL Olivenöl
- etwas Fett zum Braten
- Salz und Pfeffer

Zubereitung:

1. Als Erstes die Zwiebeln schälen und in Ringe schneiden.

2. In einer großen Pfanne etwas Fett erhitzen, die Zwiebeln hinzufügen und auf mittlerer Stufe glasig braten, bis sie Farbe angenommen haben

3. Währenddessen die Datteln entkernen und grob hacken.

4. Alle Zutaten, inklusive Öl, in einen Mixer geben und cremig pürieren.

5. Zum Schluss Ricotta hinzufügen erneut cremig rühren, würzen und servieren.

Rechtliches und Impressum

Das Werk einschließlich aller Inhalte ist urheberrechtlich geschützt. Der Nachdruck oder Reproduktion, gesamt oder auszugsweise, sowie die Einspeicherung, Verarbeitung, Vervielfältigung und Verbreitung mit Hilfe elektronischer Systeme, gesamt oder auszugsweise, ist ohne schriftliche Genehmigung des Autors untersagt. Alle Übersetzungsrechte vorbehalten.

Die Inhalte dieses Buches wurden anhand von anerkannten Quellen recherchiert und mit hoher Sorgfalt geprüft. Der Autor übernimmt dennoch keinerlei Gewähr für die Aktualität, Richtigkeit und Vollständigkeit der bereitgestellten Informationen.

Haftungsansprüche gegen den Autor, welche sich auf Schäden gesundheitlicher, materieller oder ideeler Art beziehen, die durch Nutzung oder Nichtnutzung der dargebotenen Informationen bzw. durch die Nutzung fehlerhafter und unvollständiger Informationen verursacht wurden, sind grundsätzlich ausgeschlossen, sofern seitens des Autors kein nachweislich vorsätzliches oder grob fahrlässiges Verschulden vorliegt. Dieses Buch ist kein Ersatz für medizinische oder professionelle Beratung und Betreuung.